महात्मा ज्योतिबा फुले

(जीवन कथा)

महात्मा ज्योतिबा फुले

हीरालाल नागर

श्रृंखला सम्पादक

लीलाधर मंडलोई

वाणी प्रकाशन ग्रुप

भारतीय ज्ञानपीठ

वाणी प्रकाशन : भारतीय ज्ञानपीठ की पुस्तकों के एकमात्र प्रकाशक एवं वितरक

सजिल्द पहला संस्करण : 2017
सजिल्द दूसरा संस्करण : 2024

शिक्षोदय ग्रन्थमाला : ग्रन्थांक 049

प्रकाशक
वाणी प्रकाशन ग्रुप
4695, 21-ए, दरियागंज, नयी दिल्ली-110 002
फ़ोन : 011-23273167, 23275710
ईमेल : sales@vaniprakashan.in

ISBN : 978-93-5775-452-1 (N)
978-93-263-5536-0 (O)

महात्मा ज्योतिबा फुले
(जीवन-कथा)
हीरालाल नागर

MAHATMA JYOTIBA FULE
(Jeevan-Katha)
by Hiralal Nagar

मुद्रक : आर. टेक ऑफ़सेट प्रिंटर्स, दिल्ली-110 032

Price : 295

भारत के भविष्य : युवा साथियों के लिए

मेरी बात

महात्मा जोतिबा फुले गरीब दलित परिवार में पैदा हुए थे। इसलिए उनका जीवन शुरू से ही बहुत संघर्षशील रहा। उन्होंने किशोरावस्था में ही यह समझ लिया था कि उन्हें समाज में अच्छी नजर से नहीं देखा जाता। अतएव, वे समाज के भेदभाव तथा उसके कारणों को जल्दी ही समझ गये और उसके लिए उन्होंने कार्य करना शुरू कर दिया। सबसे पहले उन्होंने दलित समाज की लड़कियों की शिक्षा का प्रबन्ध किया। फिर समाज से भेदभाव ख़त्म करने का संकल्प लिया।

मैंने ज्योतिबा फुले के जीवन की उन सभी घटनाओं का जिक्र करने का प्रयास किया है, जिसकी वजह से उन्हें महात्मा की उपाधि प्रदान की गयी।

ज्योतिबा ने जातिगत भेदभाव को इस समाज के लिए सबसे बड़ा अभिशाप माना। इसे ख़त्म करने के लिए उन्होंने अँग्रेजी सरकार से लड़े। नयी शिक्षा व्यवस्था कायम करने के लिए कानून बनवाये और दलित, गरीब तथा वंचित समाज को सम्मानजनक जीवन जीने का हक़ दिलवाया।

ज्योतिबा फुले का व्यक्तित्व 'महात्मा' के नाम से समादृत है। उनके मूल्यवान जीवन को कुछ शब्दों में समेटना आसान नहीं। इस

छोटी–सी पुस्तक में सिर्फ यह प्रयास किया गया है कि नयी पीढ़ी फुले की ऐतिहासिक जीवन कथा को संक्षिप्त में जान लें। आशा है कि देश के बच्चे और युवा ज्योतिबा फुले के जीवन से कुछ सीख सकेंगे।

—लेखक

ब्राह्मणों ने अपने स्वार्थ के लिए समर्थ के नाम पर झूठे पाखंडी ग्रन्थों की रचना करके शूद्रादि-अतिशूद्रों को गुमराह किया और आज भी इनमें से कई लोगों को ब्राह्मण-पुरोहित लोग गुमराह कर रहे हैं।

—महात्मा ज्योतिबा फुले

महात्मा ज्योतिबा फुले

महाराष्ट्र में एक जगह है—सतारा। सतारा से पच्चीस मील दूर एक गाँव है—काटगुन। काटगुन में महात्मा ज्योतिबा फुले के परदादा रहते थे। ये माली समाज से थे, जो मेहनत से काम करते हुए अपना जीवनयापन करते थे, लेकिन एक दुर्घटना ऐसी घटी कि उन्हें यह गाँव छोड़ देना पड़ा और पुणे जिले के पुरन्दर तालुका में आकर बस गये।

इस परिवार में शेतिबा नाम का व्यक्ति था जो अपनी पत्नी के साथ पुरन्दर छोड़कर पुणे शहर आकर बस गया। इन्होंने जीवन चलाने के लिए तरह-तरह के कार्य किये। खेती बाड़ी और बागवानी करना इनका पुश्तैनी धन्धा था, जिसे इन्होंने अपनाया और आगे बढ़े।

शेतिबा के तीन पुत्र थे। इनका नाम था—रानो जी, कृष्णा और गोविन्द। गरीबी थी, इसलिये तीनों बच्चों ने नए-नए काम-धन्धे शुरू किये। इन्हें फूल मालाएँ बनाने का हुनर हासिल था। ये सुन्दर और स्वस्थ बच्चे खूबसूरत फूल मालाएँ बनाते और बेचते। इस प्रकार यह दलित परिवार पुणे में रहकर गुजर-बसर करने लगा। इनके हाथों की बनी फूल मालाएँ दूर-दूर तक मशहूर हो गयीं। एक

दिन जब पेशवा ने इसकी चर्चा सुनी तो अपने दरबार में सजावट के लिए रख लिया। कुछ समय बाद पेशवा ने इन्हें 35 एकड़ जमीन दान कर दी। तीनों भाई मन लगाकर खेती-बाड़ी करने लगे। फूलों का कारोबार होने के कारण इनको सभी 'फुले' कहने लगे। इस प्रकार यह इनका उपनाम ही बन गया। फुले परिवार ज्यादा दिनों तक माली का काम नहीं कर सका। तीनों भाई अलग होकर अपना-अपना कार्य करने लगे। गोविन्द राव अपने दोनों भाइयों रानो जी और कृष्णा से विलग होकर सब्जी-भाजी की दुकान चलाने लगा। गोविन्द राव ने चिमन बाई नाम की माली की पुत्री से शादी कर ली। चिमन बाई पुणे के पास एक गाँव कावड़ी के रहने वाले जागड़े पाटिल की बेटी थी। चिमन बाई की कोख से पैदा हुए थे—ज्योतिबा फुले। यह 11 अप्रैल, 1827 का दिन था। ज्योतिबा के जन्म लेने के एक साल

बाद माँ चिमन बाई का निधन हो गया। ज्योतिबा के बड़े भाई का नाम राजाराम था। पिता गोविन्द राव के कन्धों पर दोनों पुत्रों के पालने-पोसने की जिम्मेदारी आ गयी। गोविन्द राव मेहनती और ईमानदार आदमी थे। उन्होंने दोनों पुत्रों का लालन-पालन अच्छे ढंग से किया। ज्योतिबा छोटे थे, इसलिए उनकी देख भाल के लिए आया (सेविका) रख ली। सेविका की देखभाल में ज्योतिबा दिन दूने रात चौगने बढ़ने लगे। ज्योतिबा दिमाग से तेज था और शरीर से स्वस्थ। गोविन्द राव यह देखकर बहुत खुश होते कि बिना माँ के दोनों बच्चे होनहार दिखाई दे रहे हैं। बचपन से ही इन्होंने मेहनत से काम करना सीखा और उनमें पढ़ने-लिखने की ललक पैदा होने लगी।

बालक ज्योतिबा फुले के पिता गोविन्द राव बहुत संवेदनशील व्यक्ति थे। उन्होंने बच्चों की खातिर दूसरी शादी नहीं की। बड़े बेटे को घर के कामकाज में लगाया और छोटे बेटे को पढ़ाने-लिखाने की ठानी। उन्हें समाज से जो अवहेलना मिल रही थी और दलित होने का जो अपमान झेलना पड़ रहा था, उससे वे बहुत परेशान रहते थे। उनमें समाज में सवर्णों के शोषण के विरुद्ध असन्तोष पलने लगा। उन्होंने सोचा—लोगों की गुलामी और बन्धुआ मजदूरी से मुक्त होने का एक ही रास्ता है—शिक्षा। अगर बच्चे पढ़-लिख जाएँगे तो इन्हें किसी पर आश्रित नहीं रहना पड़ेगा।

वह दिन भी आ गया, जब गोविन्द राव अपने बेटे ज्योतिबा को मराठी स्कूल में भर्ती कराने ले गये। उस समय ज्योतिबा फुले की उम्र थी—केवल सात वर्ष। ज्योतिबा पाठशाला में भर्ती तो हो गया, मगर ऊँची जाति के लोगों ने इसका सख्त विरोध किया। किसी छोटी

सतारा जिले कटगुन गाँव में ज्योतिबा फुले परिवार का पुश्तैनी घर

जाति के बालक का मराठी पाठशाला में भर्ती होना ही बड़ी बात थी। बड़े लोगों को दलित बालक का शिक्षा प्राप्त करना स्वीकार न था। वे कहते थे—इन्हें अनपढ़ और गँवार ही रहना चाहिए ताकि वे सरकार के कानून का अध्ययन न कर सकें। अपने अधिकारों के प्रति जागरूक न बन सकें। यह उस समय के सवर्ण मराठी समाज की सोच थी। उन्हें अपने से नीची जाति के लोगों का न पढ़ना-लिखना पसन्द था और न ज्ञान-विज्ञान की बातें करना। ज्ञान और शिक्षा प्राप्त करना जैसे बड़ी जाति के लोगों का ही अधिकार था। मगर ज्योतिबा फुले के पिता गोविन्द राव डटे रहे। उन्होंने ऊँची जाति की धमकियों की परवाह नहीं की। ज्योतिबा ने चार साल तक मराठी पाठशाला में शिक्षा प्राप्त की, मगर सवर्णों का विरोध बढ़ता गया। आखिर एक दिन ज्योतिबा को पाठशाला से निकाल दिया।

जब ज्योतिबा 11-12 साल के रहे होंगे, उन्हें अपने पिता के साथ खेतों में काम करना पड़ा। उन्होंने अपना पुश्तैनी धन्धा अपनाया। वह फूलों की खेती करने लगे। सुन्दर-सुन्दर फूल मालाएँ बनाने

लगे। ज्योतिबा फुले समझदार तो थे ही। उन्हें इस बात का अतिरिक्त ज्ञान प्राप्त हुआ कि समाज में निचले वर्ग में पैदा होने वाले बच्चों की शिक्षा पर ऊँचे लोगों को ऐतराज क्यों हैं? उनमें समझ पैदा हुई कि इसके पीछे अन्धविश्वास और आपसी भेदभाव की जो जड़ें गहरे तक धँसी हुई हैं—इस बुराई में इनका ही हाथ है। धार्मिक और सामाजिक ऊँच-नीच का भाव खत्म किए बगैर उन्नति सम्भव नहीं। उनमें एक बार फिर पढ़ने-लिखने का संकल्प पैदा हुआ। उन्होंने अपने पिता गोविन्द राव से स्कूल में पुनः भर्ती के लिए अनुनय-विनय की। गोविन्द राव चाहते ही थे कि उनका बच्चा खूब पढ़े-लिखे और बड़ा व्यक्ति बने। कुछ लोगों ने इस कार्य की जिम्मेदारी ली। इनके प्रयासों से ज्योतिबा को पाठशाला में दोबारा दाखिला मिल गया। ज्योतिबा फिर पढ़ने-लिखने लगे। जहाँ इनकी दोस्ती सदाशिव बल्लाल गोवंडे नामक व्यक्ति से हुई। ज्योतिबा को इनकी मित्रता से यह लाभ हुआ कि कुछ और भी लोग इनके निकट आये। उन्होंने ज्योतिबा की प्रतिभा को समझा। उनकी लगन और मेहनत से प्रभावित हुए।

धीरे-धीरे ज्योतिबा की समझ में आने लगा कि धर्म क्या है? धर्म किन लोगों को फायदा पहुँचाता है। धर्म के नियम यदि भगवान ने बनाये होते तो सभी का एक जैसा धर्म होता। धर्म के नियम इनसान ने बनाए हैं, जिससे कुछ खास लोगों को ही लाभ मिलता है। निम्न जाति के लोगों का तो इससे शोषण होता है। सन् 1845 के आसपास ज्योतिबा फुले अपने गम्भीर अध्ययन से इस नतीजे पर पहुँचे कि हिन्दू धर्म अन्धविश्वासों से भरा है। उन्होंने ईसाई मिशनरियों द्वारा चलाई जा रही यूरोपीय शिक्षा पद्धति को अच्छा माना, लेकिन

उन्हें यह ज्ञान था कि धर्म परिवर्तन से समस्या का निदान सम्भव नहीं। क्योंकि लगभग सभी धर्मों में किसी न किसी रूप में गरीब और नीची कही जानेवाली जातियों की उपेक्षा की जाती है। हजारों-लाखों दलित परिवार पीड़ित हैं, लेकिन समाज की सड़ी-गली व्यवस्था को बदलने का कोई बीड़ा नहीं उठाता।

ज्योतिबा के हृदय में यह विचार बार-बार कौंध रहा था कि उन्हें अब राजाराममोहन राय, स्वामी विवेकानन्द और ईश्वरचन्द्र विद्यासागर के पदचिह्नों पर चलकर ही सफलता मिल सकती है। उन्होंने देश की शिक्षा-पद्धति के बारे में गहराई से सोचा। यहाँ की शिक्षा में सब कुछ है, लेकिन पुरानी परम्पराओं के प्रति विद्रोह का

भाव नहीं पैदा होता। उन्होंने शिक्षा के तौर-तरीकों को बदलने के बारे में विचार किया।

उस समय देश पर अँग्रेजों का शासन था। लेकिन पुणे में पेशवा का कानून चलता था। ज्योतिबा दोनों के जकड़न-भरे जीवन से मुक्त होना चाहते थे। उनमें जीवन को बिल्कुल अलग तरीके से जीने की तमन्ना पैदा हुई। वे जाति और धर्म आधारित छुआछूत भरा जीवन नहीं जीना चाहते थे। इसलिए उन्होंने समाज में समानता पैदा करने की स्थितियों के बारे में सोचा।

अपमान ने बदली जीवन की दिशा

ज्योतिबा के एक मित्र थे जो ब्राह्मण परिवार से थे, उसने ज्योतिबा फुले को अपनी शादी के वक्त बुलाया। मित्र की शादी-समारोह में शामिल होने वाले सभी लोग ब्राह्मण थे। ज्योतिबा अछूत थे। ब्राह्मणों ने जब उन्हें अपने साथ देखा तो वे सभी आग बबूला हो उठे। उन्होंने ज्योतिबा को बुरा-भला कहा। उनके इस व्यवहार से ज्योतिबा फुले को बहुत दुख हुआ। वे इस अपमान से तिलमिला उठे। घर आकर उन्हें बहुत रोना आया। पिता ने उन्हें समझाया—हम अछूत हैं, और वे ब्राह्मण। हम उनकी बराबरी के बारे में सोच भी नहीं सकते।

इन बातों से ज्योतिबा को और भी दुख हुआ। जाति के भेदभाव का यह कड़वा घूँट पी तो गए ज्योतिबा, लेकिन उनके भीतर विद्रोह की चिंगारी सुलग उठी। उन्होंने जाति प्रथा से उत्पन्न सामाजिक विषमता को जड़ से मिटाने की ठान ली।

ब्राह्मण मित्र की शादी से जो अपमान उन्हें मिला, वह सदमे में बदल गया। वे घंटों इसके बारे में बैठे-बैठे सोचते रहते। यह जो

विरोधियों से घिरे ज्योतिबा फुले

कुछ हजारों वर्षों से होता चला आ रहा है, बहुत दुखदायी है। छोटी जाति के लोग बड़ी जाति के लोगों द्वारा हमेशा सताये जाते रहे हैं। रीति-रिवाज और परम्परा ढाल बनकर इनकी रक्षा करते हैं। शिक्षा इनका रक्षा-कवच है। इसलिए इनसे लड़ने का सही तरीका है—शिक्षा। हमें शिक्षा की ऐसी विधि विकसित करनी होगी, जिससे हम समाज की कुरीतियों से डटकर लड़ सकें। इस विचार के साथ ज्योतिबा अछूतों, दलितों और महिलाओं के भलाई के लिए मैदान में कूद पड़े। उन्होंने जगह-जगह जाकर सभाएँ कीं और सामाजिक परिवर्तन की दिशा में सोच-विचार का माहौल पैदा किया।

उन्होंने लोगों को बताया कि सभी इनसान एक जैसे है—अपने

रहन-सहन और आदतों में। धर्म के नाम पर भेदभाव पैदा किया जाता है। मनगढ़ंत कहानियों के माध्यम से लोगों के बीच ऊँच-नीच की खाई तैयार की जाती है। उनमें इतना विभेद पैदा किया जाता है कि वे आपस में कभी मिल नहीं पाते। समाज में नियम-कायदे इसलिए बनाए जाते हैं कि सभी लोग प्रेम से रहें। पर इन नियमों और कानूनों ने जुल्म करने की खुली छूट दे दी। ऊँची जाति के लोग यही सब करते हैं। अपने मान-अपमान के नाम पर कमजोर लोगों पर अत्याचार करते हैं।

पिछड़े, दलित, गरीब और समाज के कमजोर लोगों ने ज्योतिबा की बात को गौर से सुना। वे सब आपस में संगठित होने लगे। ज्योतिबा की नेक बातों को, उनके विचारों को ध्यानपूर्वक समझने लगे। ज्योतिबा ने कहा—हम ब्राह्मणों को मुफ्त में दान क्यों दें। पूजा-पाठ और कर्मकांड के नाम पर ये सब हमें ठगते हैं। उन्हें अच्छा से अच्छा भोजन कराते हैं और ऊपर से आटा-दाल, घी-शक्कर, कपड़ा और चावल भेंट करते हैं। यहाँ तक कि गाय, बैल, बकरी देते हैं। यह हम पर अन्याय नहीं तो और क्या है? इतना ही नहीं लाम पर हम जाते हैं। युद्ध हम लड़ते हैं। ये लोग न मेहनत-मजदूरी करते हैं न धन्धा-व्यापार और न खेती-किसानी। शूद्र-जन रात-दिन इनकी सेवा में खड़े रहते हैं। इनकी होशियारी तो देखिये! ये अपने आप को भगवान का दूत बताते हैं। धर्म से ईश्वर मिलता है और ये उनके पुरोहित हैं। इनको सब माफ है। किसी पर जुल्म करने की सजा इन्हें नहीं मिलती। अपराध करें ये लोग और सजा मिले किसी और को। इनको हर तरह की छूट। वंचितों को दंड। ज्योतिबा ज्यों-ज्यों बड़े होते गये उनके भीतर समझ की रोशनी की

पेशवा के सैनिकों के बीच ज्योतिबा फुले

नयी लकीर खिंचती चली गयी। उन्होंने ब्राह्मणवाद के पाखंड को अच्छे से समझा और उसे तार–तार करना शुरू कर दिया। इस ओर गहराई से समझने के लिए हमें उनकी लिखीं 'गुलाम गिरी' और 'किसानों का कोड़ा' जैसी किताबें अवश्य पढ़ना चाहिये।

सच्चाई से सामना

ज्योतिबा समाज के सम्पर्क में हमेशा रहे। उन्होंने समझा कि उच्च समाज के लोग, उनके बच्चे तथा उनकी औरतें खूब मजे में रहती हैं। तकलीफ में तो दलित लोगों की औरतें और उनके बच्चे ही रहते हैं—आखिर क्यों? हिन्दू समाज के इस सच को ज्योतिबा ने ठीक से पहचाना कि दलित और महिलाएँ सबसे ज्यादा उत्पीड़ित क्यों हैं। अपने अधिकारों का उन्हें ज्ञान क्यों नहीं। जैसा उनके स्वामी और

मालिक कहते हैं वैसा ही करते हैं। महिलाओं का मालिक उसका पति और दलितों का मालिक कोई भी रुतबे वाला सवर्ण। हिन्दू धर्म में यही बातें सिखाई और पढ़ाई जाती हैं। शास्त्रों में भी इसी तरह की बातें लिखी हैं। दलितों तथा स्त्रियों का अपना कोई जीवन नहीं है। वे दूसरों की अनुकम्पा पर जीते हैं। दूसरों पर आश्रित रहकर जीवनयापन करते हैं। इन्हें इतना ज्ञान नहीं कि पढ़ने-लिखने से समझदारी आती है। शिक्षा से बुद्धि का विकास होता है। ज्ञान बढ़ता है। बिना पढ़े-लिखे लोग न अपने परिवार की ठीक से देखभाल कर सकते हैं और न उन्हें अच्छे से जीने लायक जिन्दगी दे सकते हैं।

ज्योतिबा ने यह समझा कि यदि इस समाज को नये विचारों को लेकर पढ़ाया-लिखाया जाए तो सम्भवत: नये समाज का निर्माण किया जा सकता है। अतएव, शिक्षा पहले और बाद में दूसरा काम। उन्होंने स्त्री-शिक्षा पर बल दिया। घर की स्त्री का शिक्षित होना सबसे ज्यादा जरूरी। इसलिए ज्योतिबा ने सबसे पहले कन्या पाठशाला की शुरुआत की। वे समझ चुके थे कि शोषण अत्याचार और ऊँच-नीच के भेदभाव की जड़ें गहरे तक फैली हैं। लड़कियों को पढ़ाओ। उन्हें आगे बढ़ाओ—इसी में समाज का हित है। विशेषकर दलित समाज, जो सालों से दबा-कुचला है। जिनकी स्त्रियाँ घर में, खेतों में और खलिहानों में काम करती हैं। बच्चे मजदूरी करते हैं और पुरुष दूसरों की गुलामी करने को विवश हो जाते हैं। ज्योतिबा ने इस सच्चाई को अच्छी तरह समझ लिया कि शिक्षा का अभाव ही शोषण का मूल है। इसका एक ही रास्ता है कि कमजोर वर्ग के बच्चों तथा स्त्रियों को पढ़ाने-लिखाने का कार्य किया जाए।

ज्योतिबा फूले की पत्नी सावित्री देवी

पहली महिला दलित पाठशाला

ज्योतिबा के अपने समाज के अलावा ब्राह्मण समाज के भी दोस्त थे—सदाशिव गोवंडे और सदाशिव हटे। इनके सहयोग से ज्योतिबा ने पूना के बुधवार पेट में 15 मई, 1848 को भिड़ेवाडा में दलित लड़कियों के लिए पाठशाला खोली। उस समय महिलाओं के लिए उचित शिक्षा का प्रबन्ध नहीं था। इसलिए ज्योतिबा ने अपनी पत्नी सावित्रीबाई को पढ़ाने की जिम्मेदारी सौंपी। यह ज्योतिबा का क्रान्तिकारी कदम था। जब समाज की ऊँची जाति के लोगों ने सुना तो उनके कान खड़े हो गये। ब्राह्मण-क्षत्रिय भला क्यों चाहेंगे दलित

लड़कियों का पढ़ना-लिखना। आश्चर्य से अपने दाँतों में अँगुली दबाकर कहते—"इनको देखो! पढ़ लिखकर ये लड़कियाँ छीनेगीं हमारा हक। ये बनेगी डिप्टी-कलेक्टर और करेंगी हम पर शासन।" और फिर जोर से हँसते और व्यंग्य कसते—"महापाप कर रहा है—ज्योतिबा। नर्क में भी जगह नहीं मिलेगी इसे।"

जब ज्योतिबा और सावित्रीबाई नहीं माने, लोगों ने उन्हें सताना शुरू कर दिया। जब सावित्रीबाई अकेली होतीं, उन पर कूड़ा फेंका जाता। उन्हें गालियाँ दी जातीं। किसी न किसी तरह उनको अपमानित किया जाता।

ज्योतिबा जानते थे कि अच्छे कार्यों में कठिनाइयाँ हमेशा आती हैं। मुसीबतें पीछे पड़ जाती हैं। बावजूद तमाम परेशानियों के ज्योतिबा और सावित्रीबाई ने हिम्मत नहीं छोड़ी। विरोध करने पर भी बच्चे पढ़ने आते रहे। लोगों ने देखा—अरे! इनको हमारा भय भी नहीं। इन्हें जान की कोई परवाह भी नहीं। विरोध करने वालों ने सोचा—क्यों न सावित्रीबाई को घेर कर परेशान किया जाए! एक दिन ऐसा ही हुआ। लोग सावित्रीबाई का रास्ता रोककर खड़े हो गये। सावित्रीबाई क्रोध में तो थी हीं, उन्होंने खींचकर एक व्यक्ति के गालों पर थप्पड़ जड़ दिया। उस दिन के बाद लोगों का उनकी तरफ देखना भी बन्द हो गया।

विरोधियों ने पाठशाला पर रोक लगाने का दूसरा रास्ता चुना। उन्होंने ज्योतिबा के पिता गोविन्द राव से बातचीत शुरू की। उन्होंने कहा, "जितनी जल्दी हो सके, ज्योतिबा दलित लड़कियों की पाठशाला बन्द कर दे। इसी में उसकी भलाई है।" पिता डर गये। उन्होंने पाठशाला बन्द करने का ज्योतिबा पर दबाव डाला, लेकिन ज्योतिबा

नहीं माने। तब गोविन्द राव ने ज्योतिबा से घर छोड़कर चले जाने के लिए कहा। ज्योतिबा ने यही ठीक समझा। उन्होंने फौरन पत्नी के साथ घर छोड़ दिया। इससे ज्योतिबा को काफी दुख झेलंने पड़े। धन की कमी के कारण ज्योतिबा ने पाठशाला बन्द कर दी। पर हौसला नहीं खोया। उन्होंने अन्ना साहेब चिपलूनकर के सहयोग से 3 जुलाई 1851 में दलित लड़कियों के लिए दूसरी पाठशाला खोली।

उनके ब्राह्मण मित्र ने वहाँ कुछ दिनों तक पढ़ाने का कार्य किया। इनका नाम था—विष्णु पन्त थत्ते। मगर थत्ते ने जल्द ही पाठशाला में पढ़ाना बन्द कर दिया। वे अपने समाज के लोगों के बहकावे में आ गये।

ज्योतिबा फुले के इरादों पर इससे कोई फर्क नहीं पड़ा। उनका निश्चय अडिग था। पाठशाला में पढ़ने वालों की तादाद लगातार बढ़ती रही। संख्या बढ़ जाने के कारण ज्योतिबा को रात्रि शालाओं का प्रबन्ध करना पड़ा। अब दिन के अलावा रात में भी पाठशाला चलने लगी।

लड़कियों की संख्या 50 के करीब हो गयी। इसके लिए एक और नयी पाठशाला खोली गयी। सावित्रीबाई इन पाठशालाओं की हैडमास्टर बनाई गयीं। 17 सितम्बर 1851 को लड़कियों के लिए दो पाठशालाएँ हो गयीं। इन पाठशालाओं के निरीक्षण करने सरकार ने अँग्रेज शिक्षाधिकारियों को भेजा। शिक्षाधिकारियों ने अपनी रिपोर्ट में यह लिखा, "ज्योतिबा के शिक्षा में क्षेत्र में ये प्रयोग एकदम नये हैं। लड़कियों के लिए शिक्षा की जो पद्धति विकसित की है, वह अनूठी है। लड़कियाँ बहुत तेजी से पढ़ना-लिखना सीख जाती हैं।" ज्योतिबा के हौसले बुलन्द थे। उन्होंने उत्साहित होकर 15 मार्च

सावित्री देवी के साथ ज्योतिबा फुले

1852 को तीसरी कन्या पाठशाला खोली। इस क्षेत्र में दलित परिवारों की संख्या अधिक थी। सरकार ने इन पाठशालाओं का निरीक्षण करवाया तो हर अधिकारी ने इन पाठशालाओं की तारीफ की। पाठशालाओं में होनेवाली पढ़ाई के तौर-तरीकों की जगह-जगह चर्चाएँ होने लगीं।

मातृभाषा का सम्मान

ज्योतिबा को अपने लोगों से बेहद प्यार था। वे समझते थे कि अपने समाज के लोगों की सेवा करना सबसे बड़ा पुण्य का कार्य है।

ज्योतिबा धर्म, जाति, अन्धविश्वास से जकड़े समाज को बाहर लाना चाहते थे। इसके लिए उन्होंने शिक्षा को माध्यम बनाया। जब उनको सफलता मिलना शुरू हुई, तब उनका ध्यान दूसरी तरफ गया।

एक दिन ज्योतिबा ने विचार किया। हर वर्ष सावन के महीने में महाराज पेशवा ब्राह्मणों को दान-दक्षिणा देते हैं। उन्होंने देखा, कि दक्षिणा समारोह में पेशवा महाराज और उनके मन्त्री वगैरा राज्य के कोष से खूब धन खर्च करते हैं। दस लाख से भी ज्यादा की राशि चुटकियों में उड़ा दी जाती है। भले ही ब्राह्मण अज्ञानी और मूर्ख हो। रिवाज कुछ ऐसी थी कि कोई मुँह पर बोलता भी नहीं था। ब्राह्मण की मौत भी हो जाए फिर भी उसके नाम की दक्षिणा जरूर होती। इसकी शिकायत अँग्रेज अधिकारी के पास पहुँची। जब उन्होंने जाँच के आदेश दिये तो कुछ गल्तियाँ सामने आयीं।

1840 में अँग्रेज अधिकारी एल्फिस्टन को इसकी भनक लग गयी। उन्होंने दक्षिणा पानेवालों की सूची में नाम जोड़ने के नियम में सुधार किया। तीन साल तक गैरहाजिर रहनेवाले ब्राह्मण का नाम काट देने का नियम बनाया। ज्योतिबा के साथ कुछ प्रगतिशील ब्राह्मण समाज जुड़ा हुआ था। उन्होंने इस प्रथा को बन्द करने का उनसे आग्रह किया। साथ ही यह भी कहा गया कि दक्षिणा की रकम किसी विद्वान ब्राह्मण लेखक को दी जाए। अयोग्य ब्राह्मण को दक्षिणा देना न्याय नहीं।

मगर समाज के सनातनी ब्राह्मण लोग यह तर्क पेश करने लगे कि यह सालों पुरानी परम्परा है। इसमें अँग्रेज सरकार का दखल ठीक नहीं। इस विषम स्थिति में सलाह के लिए अन्ना साहेब चिपलूनकर ने ज्योतिबा को बुलाया। उन्होंने यह बात ज्योतिबा फुले

ज्योतिबा फुले के नेतृत्व में प्रदर्शन

के सामने रखी कि एक दरख्वास्त लेकर आप अँग्रेज अधिकारी के पास जाएँ। ज्योतिबा फुले ने पहले समस्या को ठीक से समझा, फिर अँग्रेज सरकार के सामने यह बात रखी कि वे दक्षिणा (पुरस्कार) के मुद्दे पर हस्तक्षेप करें। इस तरह ज्योतिबा के प्रयासों से यह प्रथा कमजोर पड़ी। समाज सुधार में ज्योतिबा की इस भूमिका को सुधारवादी लोगों ने खूब सराहा, मगर सनातनी लोग चिढ़ से गये। उन्होंने ज्योतिबा को सबक सिखाने की ठानी। इस पर ज्योतिबा भी डट गये। उनके इरादों को भाँपते हुए उन्होंने लोगों का एक संगठन बनाया और उनका सामना करने को तैयार हो गये। इस साहस से समाज में उनकी प्रतिष्ठा बढ़ गयी।

उस समय संस्कृत ब्राह्मणों की भाषा थी। ज्ञान-विज्ञान, वेद-पुराण, धार्मिक परम्परा का सभी साहित्य संस्कृत में पढ़ाया जाता

ज्योतिबा फुले अपने शिक्षकों और साथियों के साथ

था। ज्योतिबा ने इस पर गहन विचार-विमर्श किया। क्यों न हम पढ़ाई-लिखाई में अपनी मराठी भाषा का उपयोग करें। दूसरी भाषाओं के साहित्य को मराठी में अनुवाद करवाएँ और घर-घर पहुँचाएँ। आखिर, महात्मा बुद्ध और भगवान महावीर ने ज्ञान के प्रचार-प्रसार के लिए अपनी भाषा, पाली और प्राकृत भाषा का इस्तेमाल किया। आम आदमी संस्कृत नहीं समझता था, इसलिए वह अज्ञानी ही बना रहा। महावीर और बुद्ध ने अपनी मौलिक तथा सरल भाषा में शास्त्र रचे। समाज को जागरूक बनाया। समाज में पनप रही भेदभाव की भावना को समाप्त किया।

अंग्रेज सरकार ने भाषा के महत्त्व को समझा। उन्होंने स्वीकार किया कि मराठी जनता की भाषा है। शिक्षा के प्रसार के लिए

मराठी-भाषा का प्रयोग आवश्यक है। मराठी भाषा को आज जो सम्मान हासिल है, वह ज्योतिबा की भाषा-नीति का नतीजा है। भाषा महत्त्व को अँग्रेजी सरकार भी अच्छे से समझती थी। उन्होंने ज्योतिबा की कामयाबी को सराहा और ज्योतिबा को पुरस्कार देकर भाषा का मान बढ़ाया।

पुस्तकालय खोला गया

ज्योतिबा ने शिक्षा को बढ़ावा देने के लिए सन् 1852 में पहला पुस्तकालय खोला। पढ़ने-लिखने में रुचि रखनेवाले लोगों के लिए पुस्तकालय बहुत लाभदायक सिद्ध हुआ। समाज में जागृति लानी है तो पढ़ना जरूरी है। ज्योतिबा ने इस सन्देश को घर-घर पहुँचाया। ज्योतिबा के लिए शिक्षा का मतलब था—ज्ञान से सम्पन्न होना और समाज में फैले शोषण का मुकाबला करना। समाज में बराबरी लाने का प्रयास करना। आपस में भाईचारे की भावना फैलाना। गरीब शोषित, पीड़ित व्यक्ति की मदद करना। उन्हें सही जिन्दगी जीने का रास्ता दिखाना।

ज्योतिबा कहते थे—व्याकरण सीखने से भाषा का ज्ञान होता है। भूगोल पढ़ने से इस धरती के बारे में पता चलता है कि वह गोल है और बहुत बड़ी है, जहाँ तरह-तरह के लोग रहते हैं। सभी के धर्म अलग हैं और रीति-रिवाज भी। जरूरी नहीं कि आदमी एक ही धर्म का पालन करे। जो उसे पसन्द है, उस धर्म का पालन करे। इतिहास पढ़ते हैं तो पता चलता है कि देश और समाज के हित लिए लोगों ने अनेक लड़ाइयाँ लड़ी हैं। समाज कल्याण के लिए अनेक जतन किए हैं। पोथी-पुराण लिखनेवाले मुट्ठी भर लोग थे, फिर

भी उन्होंने अपढ़ समाज के लोगों बेवकूफ बनाया है।

इसलिए ज्योतिबा ऐसी शिक्षा देना चाहते थे, जिससे समाज में जागृति फैले। सोच और समझ का दायरा बढ़े। लोग गलत कार्यों का विरोध करें। अतः उन्होंने शिक्षा के विकास के खातिर कुछ नये तौर-तरीके अपनाये। इससे उनके स्कूलों की पढ़ाई-लिखाई की चारों-तरफ प्रशंसा होने लगी। यहाँ तक कि अँग्रेजी सरकार उनकी शिक्षा-नीति को लेकर इतनी प्रभावित हुई कि उसने ज्योतिबा को सम्मानित करने का फैसला किया।

शिक्षा को सम्मान

16 नवम्बर, 1852 में पूना कॉलेज के प्रिंसिपल मेजर कैंडी ने विश्रामबाग बाड़ा में एक बड़े समारोह का आयोजन किया। बड़े-बड़े पंडाल लगाये गये। सैकड़ों लोगों के बैठने का इन्तजाम किया गया। कार्यक्रम में ज्योतिबा के सामाजिक कार्यों की जमकर तारीफ की गयी। अँग्रेज अधिकारियों ने कहा कि ज्योतिबा शिक्षा के क्षेत्र में बड़ा कार्य कर रहे हैं। दलित महिलाओं को जो शिक्षा दी जा रही हैं—उससे समाज में नयी चेतना फैली है। अन्ना साहब चिपलुणकर ने मराठी में जोरदार भाषण दिया। अन्त में कम्पनी सरकार ने 200 रुपये, श्रीफल और शाल देकर ज्योतिबा को सम्मानित किया। ज्योतिबा ने कहा, "मैंने जो भी किया है अपनी बुद्धि और अपने विवेक से किया है। शायद यह ईश्वर की प्रेरणा है, जो मुझसे यह काम करवा रही है।" अखबारों ने ज्योतिबा के कार्यों की भूरि-भूरि प्रशंसा की। उस समय ज्योतिबा की उम्र थी—केवल 25 वर्ष। यह कार्य करने में लोगों का पूरा जीवन खप जाता है, लेकिन अपनी छोटी उम्र में

ज्योतिबा ने इतना बड़ा कार्य कर दिखाया।

ज्योतिबा का जीवन महत्त्वपूर्ण क्यों है? यह जानना बहुत जरूरी है? उन्होंने छोटी उम्र में जो कुछ हासिल किया अपनी मेहनत और लगन से ही। मगर न जाने क्यों, इनके कामों से ऊँची जाति के लोगों को बहुत चिढ़ होती थी। उन्होंने ज्योतिबा के समाज-सुधार के सभी कामों की आलोचना की। उन पर सामाजिक पाबन्दी लगाने की कोशिश की। यहाँ तक कि उन्हें मौत के घाट उतारने का भी प्रयास किया।

इतिहास उठाकर देखें तो पता चलता है कि समाज की भलाई करने वालों पर हमेशा जुल्म हुए हैं। सुकरात को जहर दिया गया। गौतम बुद्ध पर हमले किए गये। काल मार्क्स को सताया गया। ज्योतिबा के नेक कार्यों में भी लोगों ने रोड़े अटकाए। सर्वविदित है कि ताकतवर समाज ने गरीबों व निम्न जाति के लोगों पर हमेशा अत्याचार किए हैं। अन्धविश्वास खड़ा कर उन्होंने दलितों को ठगने की भरसक कोशिश की है।

ज्योतिबा अपने पाठशालाओं की परीक्षा एक साथ सम्पन्न करते थे। वर्ष 1853 की वार्षिक परीक्षा दिनांक 27 मार्च को सम्पन्न हुई। सभी स्कूलों के बच्चे अच्छे नम्बरों से पास हुए। लोगों में इस बात को लेकर खलबली मच गयी कि ज्योतिबा की पाठशालाओं के बच्चे सरकारी स्कूलों में पढ़ने वाले बच्चों से ज्यादा होशियार हैं?

अभावग्रस्त होकर भी इनके बच्चे परीक्षा में ज्यादा नम्बर लाते हैं। शायद इसलिए इनकी संख्या सरकारी स्कूलों के बच्चों से अधिक है। परीक्षा में दलित लड़कियाँ हमेशा अब्वल आती हैं। ज्योतिबा की इस कामयाबी से ब्राह्मणवादी समाज मन ही मन चिढ़ने लगा था।

ज्योतिबा के नाम का यश घर-घर फैला था। अँग्रेजी सरकार ज्योतिबा को सचमुच बहुत मानती थी। उन दिनों महँगी शाल और श्रीफल देकर संस्कृत के पंड़ितों को सम्मानित किया जाता था, लेकिन जब से दलित ज्योतिबा को सम्मान मिला है—ब्राह्मण समाज नाराज है। ब्राह्मणों ने कहा, पेशवा के रहते यह हमारा अपमान है। दलित को आदर देकर हम पर जुर्म किया जा रहा है। परम्परावादी ब्राह्मणों ने सोचा— यदि यह क्षुद्र व्यक्ति यही करता रहा तो एक दिन हम सबको आत्महत्या करनी पड़ेगी। इससे अच्छा है कि ज्योतिबा को ही खत्म कर दो। ब्राह्मणों ने पहले तो फुले को समझाया। जब सफलता नहीं मिली तो उन्होंने ज्योतिबा के खिलाफ षड्यन्त्र रचा। ब्राह्मण समाज के कुछ सिरफिरे लोगों ने उन्हें जान से मारने की धमकी दी। यहाँ तक कि ज्योतिबा के पाठशालाओं को मिलनेवाली सरकारी मदद बन्द करवाने का अभियान चलाया, पर उन्हें सफलता नहीं मिली।

इस स्थिति में ज्योतिबा ने पाठशाला चलाने के लिए आर्थिक मदद के विकल्प खोजने शुरू कर दिये। वे पाठशालाओं से अपना वेतन नहीं लेते थे। इतना ही नहीं गृहस्थी चलाने के लिए—ज्योतिबा दूसरों के कपड़े सिलने का कार्य करते थे। उनकी पत्नी सावित्री बाई कुछ महिलाओं को साथ लेकर रजाइयाँ तैयार करती थीं। वे रजाइयाँ बाजार जाकर बेचती थीं। सावित्री बाई अपने पति के बनाए रास्ते पर चलती रहीं। वे ईमानदार थीं और लगनशील भी। क्रान्तिकारी विचारों के लोग इसी तरह का जीवन जीते हैं। जैसे मध्यकाल में कबीर थे। वे अपने लिए कपड़ा बुनते थे। धार्मिक पाखंड के खिलाफ आन्दोलन चलाते थे। कबीर की तरह ज्योतिबा फुले ने भी समाज

में जागरण का काम किया। जाति-पाँति व धार्मिक कट्टरता के खिलाफ आवाज उठायी। कम से कम जरूरत पर अपनी घर-गृहस्थी चलाने का मन्त्र दिया। दूसरों की सेवा का बीड़ा उठाया।

हत्यारों का हृदय-परिवर्तन

जिस समाज में ज्योतिबा रहते थे। वहाँ दो प्रकार के विचार पैदा हो रहे थे। पहला—सनातनी विचार, दूसरा—सुधारवादी विचार।

सुधारवादी विचार रखने वाले लोग—ज्योतिबा के साथ थे। सनातनी ब्राह्मण लोग कर्मकांड के उपासक थे। उनका काम था—यथास्थिति को बनाये रखना। इस पर सरकार ने गहराई से सोचा। ब्राह्मणों ने मिलकर ज्योतिबा की हत्या का विचार बना ही लिया। उन्होंने एक हजार रुपये का लालच देकर दो हत्यारों को राजी कर लिया। दो हत्यारे ज्योतिबा को मारने निकले। पहला घोंडी राव नाम का व्यक्ति था और दूसरा हत्यारा रोदे था। घर पर ज्योतिबा और उनकी पत्नी गहरी नींद में सोए हुए थे। जैसे ही ये दोनों घर के अन्दर घुसे—सावित्री बाई जाग गयीं। उन्होंने ज्योतिबा को धीरे से उठाया। वे घबराई हुई थीं। मगर ज्योतिबा निडर थे। उन्होंने फौरन पूछा, ''कौन हो तुम लोग।'' दोनों के पास तेजधार हथियार थे। ज्योतिबा ने सवाल किया, ''तुम यहाँ किसलिए आये हो।'' उन दोनों ने एक साथ उत्तर दिया कि हम तुम्हें जान से मारने आये हैं। ज्योतिबा ने पूछा, ''मुझे क्यों मारना चाहते हो। मैंने तो तुम्हारा कोई नुकसान भी नहीं किया।'' वे बोले, ''लेकिन तुम्हें जान से मारने की हमने सुपारी उठाई है।''

''मुझे मारने से तुम्हें क्या हासिल होगा।''—ज्योतिबा ने पूछा।

"एक हजार का सौदा हुआ है—तुम्हारी जान का"—दोनों बदमाशों ने कहा। यह कहकर उन्होंने अपने तेजधार हथियार निकाल लिए। ज्योतिबा ने ताकत भरी आवाज में कहा, "नादानो! एक हजार रुपये तुम्हारे कितने दिन काम आएँगे। देखो, मैं गरीबों और दलितों को पढ़ाने-लिखाने का काम करता हूँ। यदि मेरी जान चली गयी तो उनका नुकसान होगा। उनके बच्चे बेकार हो जाएँगे। अगर तुम लोगों को लगता है कि मेरी हत्या करने से किसी का भला होनेवाला है तो लो! मेरी गर्दन उड़ा दो।"

ज्योतिबा की निडर और बुलन्द आवाज से दोनों को कुछ होश आया। उन्होंने सोचा एक व्यक्ति जो हमारे जैसे लोगों को पढ़ा-लिखा रहा है, उसको जान से मारने से तो हमारा ही बुरा होगा। वे दोनों ज्योतिबा के चरणों पर गिर पड़े। उन्होंने माफी माँगी और वापस चले गये। बाद में वे दोनों ज्योतिबा के खास सेवक बन गये। वे दलित समाज के बच्चों को ज्योतिबा के स्कूल ढूँढ़-ढूँढ़कर पढ़ाने भेजने लगे। जिसका नाम धौंड़ी राव था, वह उनके सत्य शोधक समाज का कार्यकर्त्ता बन गया और दूसरा रोडे ज्योतिबा का अंग-रक्षक। इस तरह दो हत्यारों का हृदय परिवर्तन हुआ। गौतम बुद्ध के अंगुलिमाल की तरह। जो बुद्ध की हत्या करने आया था, शिष्य बन गया।

मातृभाषा में योगदान

संस्कृत भाषा ने ज्यादातर वेदपाठी ब्राह्मण ही पैदा किए। कट्टरपन के कारण दूसरी जातियों के बच्चे संस्कृत पढ़ सकते थे और न ही वेद और शास्त्र। इनमें कर्मकांडी भी थे। आम जनता तो अन्धकार

में थी। 'सार्वजनिक शिक्षा' विशेषकर महिलाओं और निम्न जाति के बच्चों की शिक्षा की तो कल्पना नहीं की जा सकती थी। ज्योतिबा की कामयाबी को देखते हुए ईस्ट इंडिया कम्पनी ने शिक्षा—नीति में बदलाव के आदेश दिये। पहले शिक्षा निदेशक मंडल तैयार किया गया, फिर नीति बनाने की व्यवस्था की गयी। यह कार्य मद्रास सरकार को सौंपा गया कि वह शिक्षा व्यवस्था को सुधारने में सरकार की मदद करे। अँग्रेजी सरकार ने इस योजना पर गम्भीरता से सोचा। उन्हें भारत में शासन करने के लिए पढ़े-लिखे नौजवान चाहिए थे। सरकारी दफ्तरों में बाबू, क्लर्क, सहायक, ड्राइवर सभी। इनके बगैर काम भी चलनेवाला नहीं था। भारत के युवकों को भी नौकरी की जरूरत थी। जब नौजवान अँग्रेजी हुकूमत के नौकर बनेंगे तो सरकार के प्रति उनकी वफादारी भी बढ़ेगी। विश्वास भी बढ़ेगा। जब सरकार के कार्यों में दिलचस्पी बढ़ेगी तो उसका हर कर्मचारी उनके अच्छे कार्यों का बखान करेगा।

ज्योतिबा फुले के मराठी में शिक्षा के योगदान को अँग्रेज-सरकार भूल नहीं सकती थी। लड़कों और लड़कियों के लिए कलकत्ता में जो स्कूल खोले गये, उनकी शिक्षा देशी भाषा में शुरू की गयी। यह ज्योतिबा के प्राथमिक पाठशालाओं की प्रेरणा थी। लड़कियों को पढ़ाने के लिए महिला-शिक्षकों को भरती किया गया। महाराष्ट्र के ब्राह्मणों और ऊँची जाति के हिन्दुओं की तरह कलकत्ता के सवर्ण हिन्दू भी शिक्षा के प्रति खास जागरूक नहीं थे। सरकार के इस काम में भी उन्होंने कोई रुचि नहीं ली। इसलिए सरकार ने कलकत्ता में जो स्कूल खोले वे सब के सब बन्द कर दिए।

ज्योतिबा ने लड़कियों की शिक्षा का कार्य आसान बनाया। 19

कुरीतियों के विरोध में जनता का प्रदर्शन

जुलाई 1854 के एक आदेश के मुताबिक कम्पनी के निदेशक मंडल ने कहा, ''सरकार को और अधिक फायदेमन्द और व्यावहारिक शिक्षा की जरूरत है। अतएव, 'चार्ल्स वुड' शिक्षा योजना बड़े-बड़े शहरों में लागू की जाए। ज्योतिबा की मेहनत का ही नतीजा है कि उच्च शिक्षा धीरे-धीरे देश के कोने-कोने में पहुँचने लगी।

आजादी की लड़ाई का भी यह महत्त्वपूर्ण काल था।

अन्य सामाजिक कार्य

बालहत्या एक तरह से उस समय समाज की बीमारी थी। अगर ध्यान से देखा जाए तो इसका समाज पर सबसे ज्यादा असर था। विधवाएँ न तो दूसरी शादी कर सकती थीं और न ठीक से रह सकती थीं। ज्योतिबा ने इस समस्या को समझा और उन्होंने विधवाओं के सम्मान के लिए कार्य करना आरम्भ किया। विधवाओं के पढ़ने-

लिखने, कामकाज करने और अपनी मर्जी से दूसरी शादी करने की आवाज उठायी। हालाँकि शास्त्री विष्णु बापट नाम के एक शख्स ने 1840 में विधवा विवाह कानून पास करने की सरकार से गुहार लगाई थी। सरकार द्वारा 1859 को विधवा विवाह कानून पास किया गया, मगर हिन्दू समाज इतना दकियानूसी था कि उसने इस कानून को पालन करने से इनकार कर दिया। कानून बन जाने के बाद भी, समाज का इस पर पूरा ख्याल नहीं गया। योजना अटककर रह गयी। ज्योतिबा ने इस तरफ सरकार का ध्यान खींचा। उन्होंने बताया कि विधवाओं को बहला-फुसलाकर कथित सभ्य समाज उनका शारीरिक शोषण करता है। जब उसके गर्भ रह जाता है तो उनके पेट में पल रहे भ्रूण की हत्या कर दी जाती है। या फिर जन्म लेते ही विधवाओं के बच्चों की हत्या कर दी जाती है। ऐसी क्रूर प्रथा को ज्योतिबा ने रोकने के लिए 1883 में 'बाल हत्या प्रतिबन्धक गृह' शुरू किया। इसमें घर से निष्कासित, प्रताड़ित और स्वेच्छा से प्रवेश लेने वाली विधवाओं को बेरोक-टोक रहने की सुविधाएँ थीं। ज्योतिबा ने जगह-जगह पोस्टर लगवाए। उन पर लिखा—'विधवाओं आओ, यहाँ गुमनाम रहकर अपनी जचकी करवाओ, अपना बच्चा साथ ले जाओ या यहीं रखो, ये आपकी मर्जी, अगर बच्चा यहीं रहता है तो यह गृह उसकी देखभाल करेगा।' उस सामन्ती समाज में इतना बड़ा निर्णय लेना साधारण काम न था। ज्योतिबा ने इसे करके दिखाया।

शराब पर पाबन्दी

समाज में शराब पीने की आदत सदियों पुरानी थी। ज्योतिबा ने लोगों की शराब पीने की लत को करीब से देखा-समझा था। गरीब घरों,

बस्तियों और झोपड़-पट्टियों में शराब पीनेवाले लोगों की दुर्गति होते वे रोज ही देखते थे। वे देखते थे कि अपनी खून-पसीने की कमाई को लोग किस तरह शराब की भेंट चढ़ा देते हैं। बच्चों के न खाने-पीने का ध्यान और न ही उनकी पढ़ाई-लिखाई की चिन्ता। ज्योतिबा ने पूना नगर पालिका मंडल के अध्यक्ष प्लेकैट को एक पत्र लिखा—"शराब पीने की आदत से नागरिकों के नैतिक आचरण में कमी आती जा रही है। शराब सेहत के लिए भी नुकसानदेह है। इस बुरी आदत ने पूना शहर को अपनी गिरफ्त में ले लिया है। मैं नगरपालिका अध्यक्ष से अपील करता हूँ कि वे शराब की दुकान खोलने की इजाजत न दें। शराबखोरी ने समाज का बहुत नुकसान किया है। इसलिए इस नुकसान की भरपायी शराब के दुकान मालिकों से टैक्स वसूल कर की जाए।"

ज्योतिबा की चिट्ठी पाकर पूना नगरपालिका में खलबली मच गयी। उस समय जिलाधिकारी थे— मिस्टर रीचे। उन्होंने जाँच करने का फैसला किया। शराब की दुकानों की संख्या सीमित करने की सोची। ज्योतिबा फुले की यह बड़ी उपलब्धि थी।

हंटर कमीशन

जब अँग्रेजी सरकार ने शिक्षा में सुधार लाने के लिए हंटर कमीशन की स्थापना की, तो ज्योतिबा ने गरीब, दलित और पिछड़े वर्ग के लोगों को शिक्षा मुहैया कराने के तौर-तरीकों पर विचार करने हेतु प्रार्थना की। हंटर कमीशन का काम था— शिक्षा सुधारों का मूल्यांकन करना। देशभर में जगह-जगह शिक्षा के क्षेत्र में काम करने वालों से बातचीत करना। इसके बाद बेहतर शिक्षा नीति तैयार करना। इस

बाबत देश के सभी प्रान्तों से रिपोर्ट माँगी गयी। ज्योतिबा जानते थे कि देश में जाति, वर्ण और धर्म के कर्मकांडों की वजह से दलित समाज में शिक्षा के प्रति जागरूकता की कमी है। हंटर कमीशन चाहे तो इस समाज में शिक्षा के प्रति लगाव पैदा कर सकता है, लेकिन उस समय दलितों की शिक्षा का विरोध करनेवालों की भी कोई कमी नहीं थी। उनका कहना था कि दलितों को शिक्षा देना हिन्दू शास्त्रों के खिलाफ है। एम. एम. कुंठे और वी.एस. आप्टे नामक दो व्यक्तियों ने दलितों की शिक्षा का सख्त विरोध किया। इस पर ज्योतिबा ने विस्तार से हंटर कमीशन के सामने अपनी बातें रखीं। उन्होंने शिक्षा के प्रसार के लिए अपने इलाके का ब्यौरा दिया। उन्होंने यह शिकायत भी सामने रखी कि सरकार शिक्षा के विकास के लिए जो भी काम कर रही है, उससे दलित समाज को कोई फायदा नहीं हो रहा है। ऊँची जाति के लोग ज्यादा फायदा उठा रहे हैं। ब्राह्मणों ने शिक्षा पर अपना पूरा अधिकार जमा लिया है। ब्राह्मण शिक्षक दलित तथा गरीब परिवार के बच्चों को न ढंग से पढ़ाते हैं और न ही कक्षाओं में बैठने देते हैं। जबकि कमजोर वर्ग के बच्चों की शिक्षा सबसे ज्यादा जरूरी है ताकि सवर्णों की गुलामी से उन्हें छुटकारा मिले।

ज्योतिबा ने अपने पत्र में यह भी सिफारिश की कि शिक्षकों को अच्छी तनख्वाह दी जाए। अच्छी तनख्वाह मिलने से शिक्षक काम में रुचि लेंगे और दूसरी नौकरी के लिए कहीं भागेंगे नहीं। दलितों के बच्चों को पढ़ाने के लिए दलित शिक्षक रखे जाएँ। साथ ही इन्हें अलग से धन मुहैया कराने की व्यवस्था की जाए।

महात्मा ज्योतिबा फुले हाईस्कूल

ज्योतिबा ने शिक्षा–सुधार की सभी तर्कपूर्ण बातें सामने रखीं, उससे 'हंटर कमीशन' बहुत प्रभावित हुआ। 'हंटर कमीशन' ने भी घूम–घूमकर यह अच्छी तरह देख–समझ लिया था कि जातियों में बँटा भारतीय समाज भेदभाव का शिकार है। इसलिए कमीशन ने देश में प्राथमिक शिक्षा को पूरी तरह बदलने की सिफारिश की, जिसमें न कोई भेदभाव हो और न किसी प्रकार की दिक्कत। शिक्षा धर्म निरपेक्ष हो। जहाँ सभी धर्मों का आदर और सम्मान हो। शिक्षा विज्ञानसम्मत और विवेकपूर्ण हो।

हंटर कमीशन की सभी रिफारिशों को लार्ड रिपन ने मंजूर कर लिया। ज्योतिबा की यह बड़ी कामयाबी थी। इससे हुआ यह कि उनको स्थानीय स्वशासन में चलनेवाले सभी स्कूलों की जिम्मेदारी मिल गयी। स्कूलों की संख्या बढ़ गयी। साथ ही उसमें पढ़नेवाले लड़के–लड़कियों की संख्या में भी इजाफा हुआ।

सत्य शोधक समाज

पहले यह जान लेना जरूरी है कि सत्य शोधक समाज है—क्या चीज। यह समाज की ऐसी संस्था थी, जिसमें सभी जातियों के लोग शामिल थे। ज्योतिबा ने अपने ब्राह्मण मित्रों की मदद से इसका गठन किया था, जिसमें विनायक बापू जी भंडारकर, विनायक बापूजी धँगले और सीताराम सखाराम दातार आदि शामिल थे।

जिस तरह बंगाल में राजा राममोहन राय, केशवचन्द्र सेन, ईश्वरचन्द्र विद्यासागर, महाराष्ट्र में डॉ. पांडुरंग और उत्तर भारत में दयानन्द सरस्वती आदि ने समाज का सुधार किया, उसी तरह ज्योतिबा

चाहते थे कि यहाँ भी सुधार हो। ब्राह्मणवादी अन्धविश्वासों और कुरीतियों का नाश हो। बाल विवाह खत्म हो। विधवा विवाह की रीति आगे बढ़े। पशुबलि और कर्मकांड बन्द हों। हमारे महापुरुषों ने समाज सुधार में बड़ा योगदान दिया, फिर भी वे जाति और वर्ण विहीन समाज बनाने में सफल नहीं हो सके। ज्योतिबा चाहते थे कि इस तरफ ज्यादा काम हो। इसलिए उन्होंने सत्य शोधक समाज की स्थापना की।

सत्य शोधक समाज ने कुछ कायदे-कानून बनाये थे, जिनका पालन करना और लोगों तक पहुँचाना जरूरी था। संस्था के सिद्धान्त मानव मूल्यों की स्थापना में सहायक थे। बाद में महाराष्ट्र के समाज में जो कुछ बदलाव देखे गये वे निश्चय ही उसमें सत्य शोधक समाज का हाथ था। कुछ नियम इस प्रकार थे—

ईश्वर एक है। प्रत्येक व्यक्ति को ईश्वर की भक्ति करने का अधिकार है। गुण मनुष्य को श्रेष्ठ साबित करते हैं। कोई भी ग्रन्थ ईश्वर द्वारा नहीं लिखा जाता। परमेश्वर शारीरिक रूप से शरीर धारण नहीं करता। पुनर्जन्म, कर्मकांड जप-तप या धर्म के अनुष्ठान अज्ञानता बढ़ाते हैं।

सत्य शोधक समाज का कहना है कि मनुष्य और ईश्वर के बीच सीधा सम्बन्ध है। बीच में कोई नहीं होता। न पुरोहित, न पंडा। इनकी जरूरत नहीं। 1911 में इस संस्थान की ओर से जो सिद्धान्त अमल में लाने के लिए बनाए गये, उनका व्यापक स्वागत हुआ। ये नियम हैं—

1. सभी इनसान ईश्वर की सन्तान हैं, इसलिए वे मेरे भाई-बहन हैं।

2. जिस तरह सन्तान को अपने माता-पिता से मिलने के लिए किसी माध्यम की जरूरत नहीं, उसी प्रकार इनसान को ईश्वर की प्रार्थना के लिए पंडित, पुरोहित या गुरु की आवश्यकता नहीं।
3. मैं अपने पुत्र और पुत्री को पढ़ाऊँगा-लिखाऊँगा। ईश्वर के सामने सौगन्ध लेता/लेती हूँ। ईश्वर मुझे इन सिद्धान्तों पर चलने की सामर्थ्य दे।

सत्य शोधक समाज की स्थापना के बाद ब्राह्मणवादियों ने भोली-भाली और अनपढ़ जनता को बरगलाना शुरू कर दिया, जिसका असर तो होना ही था।

बिना पुरोहित विवाह

ज्योतिबा का काम समाज में फैली विष-बेल को उखाड़ फेंकना था। उनका एक ही मकसद था कि लोगों को ब्राह्मणों के तर्क-जाल से कैसे मुक्त किया जाए। इसके लिए उन्होंने बड़ी-भूमिका तैयार की। इनमें सबसे ज्यादा महत्त्वपूर्ण था-विवाह संस्कार। विवाह स्त्री-पुरुष की जरूरत को पूरा करने के लिए किए और कराए जाते हैं। उन्हें स्वतन्त्र रूप से साथ रहने का अधिकार दिया जाता है, लेकिन इसके लिए कर्मकांड क्यों? पुरोहित क्यों? पंडित क्यों? इन्हीं विचारों से प्रेरित होकर 1887 में प्रतिष्ठित ब्राह्मण परिवार के मुखिया बालाजी के शानी पाटिल ने अपने पुत्र की शादी में ब्राह्मण पुरोहित को नहीं बुलाया। गाँव के पुरोहित वामन जगन्नाथ और शंकर बापूजी ने बाला जी के खिलाफ मानहानि का मुकदमा दायर कर दिया। इस स्थिति में ज्योतिबा ने उनकी मदद की। निचली अदालत में फैसला पुरोहितों

के पक्ष में गया। मुम्बई सुप्रीम कोर्ट ने भी इस फैसले पर अपनी मुहर लगा दी।

लेकिन समाज के सत्य शोधकों ने माना कि रूढ़िग्रस्त जो भी कार्य है—वह निन्दनीय है। बाद में पूना के प्रथम श्रेणी मजिस्ट्रेट ने निचली अदालत की डिग्री खारिज कर दी। इससे सत्य शोधक समाज को ताकत मिली। सत्य शोधक समाज की कार्यवाही का नतीजा अच्छा निकला। पुरोहित के बगैर शादियाँ होने लगीं। लोगों को व्यर्थ में धन नहीं गँवाना पड़ा। घर पर शादी हो या किसी परिजन की मृत्यु पर भोज, बहुत पैसा खर्च होता था। लोगों को इस बात का ज्ञान अच्छी तरह से हो गया कि कर्मकांड जरूरी नहीं, यह तो लूट का साधन है।

विधवा विवाह

बंगाल में राजा राममोहन राय के प्रयासों से विधवा-विवाह के बारे में सोचा जाने लगा था, क्योंकि उन्होंने सती प्रथा पर रोक लगवाई थी। उन दिनों बंगाल में विधवाओं की हालत बेहद खराब थी। उन पर अमानवीय अत्याचार होते थे। उनके हाथ का छुआ भोजन भी नहीं करता था—कोई। शादी होती या किसी का जन्मदिन उन्हें उपेक्षा की दृष्टि से देखा जाता। विधवाएँ हिन्दू समाज में सामान्य जीवन नहीं जी सकती थीं। जवान विधवा होती तो उसका यौन-शोषण होता। इन हालात में विधवा कभी आत्महत्या भी कर लेती। ज्योतिबा ने दूसरे धर्म-समाज का अध्ययन किया तो पाया कि केवल हिन्दू धर्म में ही विधवा का विवाह शर्मनाक कार्य समझा जाता है। दूसरे समाज की विधवाओं के साथ ऐसा नहीं होता। वे चाहें तो शादी

सती प्रथा का विरोध करते ज्योतिबा फुले

कर सकती हैं। ज्योतिबा यह भी जानते थे कि औरतें बाल विवाह के कारण विधवा होती हैं—छोटी उम्र की लड़कियाँ ब्याह दी जाती हैं—बड़ी उम्र के पुरुषों को। फिर तो यह समस्या आनी ही थी। सबसे ज्यादा बेमेल विवाह ब्राह्मणों में ही होते थे। ब्राह्मण समाज में विधवाएँ खूब पायी जाती थीं।

ज्योतिबा के एक ब्राह्मण साथी थे—पंडित विष्णु शास्त्री। उन्होंने विधवा विवाह आन्दोलन को सफल बनाने में ज्योतिबा की बहुत मदद की। जब अचानक उनकी पत्नी की मृत्यु हो गयी तो 1874 में उन्होंने एक विधवा ब्राह्मणी से शादी की। उन्होंने सरकारी नौकरी छोड़ दी और घर-घर जाकर लोगों में इस चेतना को जगाया कि विधवा स्त्री का क्या दोष? उसे इतनी सजा क्यों मिले कि वह पूरी जिन्दगी दुख और कष्ट में गुजारे।

नगरपालिका का सदस्य

ज्योतिबा के सामाजिक कार्यों से सभी परिचित थे। उनकी दृढ़-इच्छा शक्ति देखकर उन्हें सन् 1882 में नगर पालिका का सदस्य मनोनीत किया गया। ज्योतिबा नियमित नगर पालिका जाते। लोगों से मिलते और उनकी समस्याएँ सुनते। उन्हें यह देखकर बड़ा दुख पहुँचता कि दलित और पिछड़ी बस्तियों में बिजली, पानी और सड़क जैसी सुविधाएँ थी ही नहीं। ज्योतिबा ईमानदार और कर्मठ व्यक्ति थे। इसलिए उन पर नगर पालिका के पैसे के लेन-देन और खर्च का पूरा लेखा-जोखा रखने का काम सौंपा। ज्योतिबा ने सरकारी कामों में फिजूल खर्ची रोकी और गरीबों के लिए धन का सही उपयोग करने की व्यवस्था को ठीक किया। पूना में उस समय सब्जी मार्केट नहीं थी। ज्योतिबा ने इसके निर्माण की नींव डाली। दुकानों का किराया इतना कम रखा गया कि गरीब से गरीब आदमी भी चाहे तो अपनी सब्जी की दुकान लगा सके। पशु चिकित्सा महाविद्यालय खोलने का उपक्रम ज्योतिबा के रहते हुआ। पूना नगर पालिका ने 1882 में नया बाजार बनवाने की मंजूरी दी। बाजार का नामकरण गवर्नर के नाम पर किया जाने लगा तो ज्योतिबा ने इसका विरोध किया। बाद में यह बाजार 'फुले मार्केट' के नाम से जाना जाने लगा।

महत्त्वपूर्ण किसान आन्दोलन

ज्योतिबा का देश के प्रति हित-चिन्तन सबसे ऊपर था। वे एक-एक चीज को बारीकी से देख-समझ रह थे। उन्होंने देखा कि जो देश की रीढ़ हैं, वह किसान साहूकारों, ब्राह्मणों और जमींदारों से बहुत पीड़ित हैं। खेतिहर जुन्नार क्षेत्र के किसान तो और भी। ज्योतिबा ने

पुलिस के साथ किसान

चार–पाँच हजार किसानों के हस्ताक्षर लिये और एक आवेदन पत्र सरकार के सामने रखा। यह 1875 में पूना क्षेत्र के किसानों की सरकार से सीधी लड़ाई थी। इस आन्दोलन की बागडोर ज्योतिबा ने सँभाली। जुन्नार इलाके के हजारों किसानों की खेती पर यहाँ सेठ–साहूकार और जमींदार राज कर रहे थे। इनके विरोध में किसानों ने अपने खेतों को जोतना और बोना ही बन्द कर दिया। करीब दो साल तक चले इस आन्दोलन के फलस्वरूप सरकार ने किसानों को संरक्षण देने के वास्ते 'डेक्कन एग्रीकल्चर रिलीफ एक्ट' पास किया। साहूकार, जमींदार और सरकारी अमला को सुलह करनी पड़ी। कानून बन जाने के बाद किसानों को शोषण से मुक्ति मिली।

2 मार्च, 1888 के दिन जब, ड्यूक ऑफ कलाट का अभिनन्दन समारोह हो रहा था। बहुमूल्य वस्त्रों और परिधानों में क्षेत्र के किसान

वहाँ मौजूद थे, तब ज्योतिबा ने अपने भाषण में कहा था—"सच्चा भारत गाँवों में दिखाई देता है। गाँवों के लोग निर्धन, भूखे, कंगाल और बेघर हैं। ग्रामीण जनता को तन ढ़कने के लिए कपड़े नहीं मिलते। उनका पहनावा मेरे जैसा है, मगर अकसर गन्दा होता है। ये जो सजे-धजे किसान बैठे हैं, वे इस देश के किसान नहीं है और न किसानों के प्रतिनिधि हैं।"

ज्योतिबा का कहना था कि किसानों की दशा में सुधार होना जरूरी है। इसके बिना देश की प्रगति सम्भव नहीं। हालाँकि लोकमान्य तिलक और महादेव गोविन्द रानाडे आदि ने किसानों के इस आन्दोलन का विरोध किया था, मगर इससे खास फर्क नहीं पड़ा। ज्योतिबा बिना किसी शर्त के दलितों तथा मजदूरों का साथ देते रहे।

आखिरी दिनों में

कहते हैं—अन्त भला तो सब भला। ज्योतिबा दमित समाज के उत्थान के लिए अपना सर्वस्व होम चुके थे। बचपन जवानी और प्रौढ़ावस्था दलित, गरीब, पिछड़े लोगों की सेवा में लगा दी।

कष्ट उठाए, लेकिन उन्होंने उफ! तक नहीं की। सन् 1887 में ज्योतिबा अपनी उम्र के साठ वर्ष पूरे कर चुके थे। तब उनका ध्यान अपने बाकी जीवन की ओर गया। उन्होंने अपना वसीयतनामा तैयार करवाया। उनकी अपनी कोई सन्तान नहीं थी। इसलिए अपने मित्र की रिश्तेदार विधवा के बेटे को अपना वारिस बनाया। उन्होंने इस लड़के को, जिसका नाम यशवन्त था—बेटे की तरह पाला था। यशवन्त और उसके उत्तराधिकारियों को जायदाद का सर्वेसर्वा बनाया। उन्हें क्या-क्या कार्य करने हैं, इसकी उन्हें जिम्मेदारी सौंपी गयी।

उस समय यशवन्त सिर्फ 13 साल का था। ज्योतिबा ने वसीयत में यह उल्लेख किया कि अगर यशवन्त मैट्रिक की शिक्षा पूरी नहीं कर पाता। बुरी संगति के कारण वह आवारा और गैरजिम्मेदार व्यक्ति बन जाता है तो उसे जायदाद का थोड़ा-सा हिस्सा ही दिया जाए। यदि स्थिति अनुकूल नहीं हैं तो सभी अधिकार सावित्री बाई के ही पास रहने दिए जाएँ। सावित्री बाई चाहे तो किसी भी शूद्र बालक को अपना उत्तराधिकारी बना सकती है। यदि किसी कारण वश सावित्री बाई निर्णय लेने में सक्षम नहीं हो पाती तो सत्य शोधक के सदस्यों की सलाह माननी होगी।

ज्योतिबा के बड़े भाई थे राजाराम, जो उनके साथ नहीं रहते थे। उनकी मृत्यु हो चुकी थी। उन्होंने वसीयत में लिखवाया कि भाई राजाराम उनके साथ कभी नहीं रहे। इसलिए उनके पुत्र गनपत राजाराम फुले को उनकी सम्पत्ति का हकदार न बनाया जाए। वसीयत में ज्योतिबा ने यह भी लिखवाया कि—सत्य शोधक समाज के नियमों के अनुसार उनके शरीर को जलाया न जाए। उसमें नमक डालकर जमीन में दफन कर दिया जाए। उन्होंने यह जोर देकर लिखवाया कि उनकी मृत्यु के बाद उनके शव को कोई ब्राह्मण स्पर्श न करे।

सार्वजनिक सम्मान

ज्योतिबा अस्वस्थ थे। इसी वजह से उन्होंने वसीयतनामा तैयार करवाया। लोगों को यह चिन्ता सताने लगी थी कि ज्योतिबा आगे जी भी पाएँगे या नहीं। इसलिए दलितों और गरीब समाज के लोगों ने उनका सार्वजनिक अभिनन्दन करने का निश्चय किया। 19 मई,

1888 को मांडवी के कोली बाग सभागार में उनका अभिनन्दन समारोह होना था। उस दिन हजारों दलित व पिछड़े समाज के लोग उनको देखने के लिए उमड़ पड़े।

यह पहला मौका था लोगों के लिए जब वे सामूहिक रूप से अपने प्रिय नेता ज्योतिबा को देखने एकत्रित हो रहे थे।

इस अवसर पर ज्योतिबा के सहयोगी और उनके चाहने वालों ने अपने-अपने सन्देश भेजे। बड़ौदा के महाराज सयाजी राव गायकवाड़ ने अपने सन्देश में कहा, ''ज्योतिबा को महाराष्ट्र के 'बुकर टी वाशिंगटन' की पदवी मिलनी चाहिए।'' इस अवसर पर अपार जनसमूह के बीच ज्योतिबा को 'महात्मा' की पदवी से नवाजा गया। लोगों ने एक साथ 'महात्मा फुले' का जयघोष किया।

अन्तिम क्षणों में

जुलाई, 1888 में ज्योतिबा पक्षाघात के शिकार हो चुके थे। पक्षाघात की खबर सुनकर दूर-दूर से लोग उन्हें देखने आने लगे। समय पर डॉक्टरी मदद मिल जाने से उनकी जान तो सही सलामत रही, लेकिन वे बहुत कमजोर हो चुके थे। अपने शरीर की इस अवस्था को देखकर पुत्र यशवन्त का विवाह अपने मित्र, जिसका नाम ससाने था, उसकी पुत्री राधा से करवा दिया। राधा कुछ दिनों से शिक्षा हेतु ज्योतिबा के घर पर रह रही थी। उसकी शिक्षा बेटी की तरह हुई थी। खुद सावित्री बाई ने उसे जीवन जीने का सलीका सिखाया। 4 फरवरी, 1889 को सत्य शोधक समाज के नियम से राधा और यशवन्त का विवाह हुआ। बिल्कुल सादे समारोह के बीच।

ज्योतिबा बीमार हैं। अन्तिम घड़ियाँ गिन रहे हैं—यह सुनकर

उनके चाहनेवाले उन्हें देखने दौड़ पड़े।

27 नवम्बर, 1890 की शाम ज्योतिबा ठीक-ठाक थे । उन्हें जीवन के आखिरी क्षणों का अहसास हो चुका था। उन्होंने परिवार के सभी सदस्यों को अपने पास बुलाया। सबके सिर पर हाथ फेरा। पत्नी सावित्री बाई को अपने नजदीक बुलाकर कहा—"प्रार्थना करो।" बहू राधा को भी आशीर्वाद दिया। प्रेम, स्नेह, दया-करुणा से भीगी आँखों से आखिरी बार सभी को निहारा और अपने में शान्त-चित्त हो गये।

रात्रि 2 बजकर 20 मिनट पर ज्योतिबा के प्राण पखेरू उड़ गये। 28 नवम्बर की सुबह सत्य शोधक समाज के अनुसार उनकी अन्तिम यात्रा पूरी हुई। ज्योतिबा जीवन-ज्योति बन गये।

जीवन का सार

126 वर्ष हो चुके हैं—ज्योतिबा के जीवन का अन्त हुए। उनका नाम आज उन महापुरुषों की पंक्ति में शामिल है, जिन्होंने मनुष्य की भलाई के लिए काम किये। हजारों वर्षों से जो कौम समाज की रीढ़ थी जिनके श्रम, मेहनत और लगन से समाज के बाकी लोग सुखी-सम्पन्न थे, उन्हीं को कुचला और दबाया गया। उन पर भयंकर अत्याचार किये गये। उनको सबसे नीची श्रेणी में रखा गया। ज्योतिबा फुले ने इन्हीं लोगों की भलाई के लिए काम किया। ये लोग अछूत थे। ये लोग हरिजन कहलाये, फिर इन्हें दलित कहा जाने लगा। ये संख्या में सबसे ज्यादा थे, फिर भी समाज में इनकी प्रतिष्ठा नहीं थी। इन्हें नीची निगाहों से देखा जाता रहा। इन्हें महात्मा बुद्ध ने

ज्योतिबा फुले अपनी पत्नी सावित्री देवी के साथ

अपनी करुणा से आप्लावित किया। इनको अपने गले से लगाया। इन्हें बराबरी पर लाने के लिए नये धर्म-कर्म की स्थापना की। शोषण, जुल्म, अत्याचार, अनाचार से इनकी मुक्ति के लिए कड़े सामाजिक नियम और कानून बनवाए।

भगवान महावीर के अन्दर मनुष्य के दुख को देखकर ही नया धर्म बनाने का विचार आया। समाज से ही नहीं इस संसार से मुक्त होने के साधन बताए। मनुष्य को त्याग और तपस्या का जीवन जीने पर बल दिया। कबीर, नानक, रैदास और नामदेव आदि सन्तों ने लोगों को संसार की सच्चाई से वाकिफ कराया। उन्हें धर्म के पाखंड के प्रति उजागर किया। मनुष्य के बीच धर्म, जाति और वर्ण को जड़ से खत्म करने के विभिन्न उपायों से अवगत कराया। आज ये सन्त जिन्दा नहीं हैं, मगर उनके विचार जीवित हैं। समाज के लोगों का

मार्गदर्शन करते हैं। इन सन्तों की वाणी में आज भी ऐसी व्याकुल पुकार है कि समाज में जो भी इनकी वाणी सुनता है—मनुष्य के बीच आपसी भेदभाव को भूल जाता है। वह मनुष्य को श्रेष्ठ समझता है और मनुष्य के गुणों का आदर करता है।

हमें ज्योतिबा फुले के विचारों का भी सम्मान और आदर करना चाहिये। गौर करें कि जब ज्योतिबा फुले का जन्म हुआ था, उस समय मराठी—समाज में छुआछूत की भावना प्रबल थी। मैला ढोने वाला समाज सबसे ज्यादा पीड़ित था। इसके बाद जो दूसरी निम्न जातियाँ थीं, वे भी भेदभाव का शिकार थीं। उनकी औरतें दूसरे के घरों में मजदूरी करती थीं। उनका दैहिक तथा मानसिक शोषण होता था। सुखी थे तो केवल—सेठ, साहूकार, पुरोहित-पंडित, राजा-महाराजा और उनके सिपाही। खेती-किसानी इनके हाथ में भी। धन्धा-रोजगार इन्हीं के पास था। न्याय, कानून, नियम-कायदे सब इनके हाथ में थे। ये जैसा चाहते थे—समाज को चलाते थे। अपनी मनमानी, अपनी ऐय्याशी, अपनी कूटनीति अपने मातहत लोगों पर निकालते थे।

ज्योतिबा फुले जब थोड़ा बड़े हुए तो उनकी समझ में आने लगा था कि समाज का कायदा-कानून किन लोगों के हाथों में है। दलितों से सेवा लेने का जन्म सिद्ध अधिकार इन्हीं के पास था। दलित सबसे ज्यादा पीड़ित। उनकी औरतें अनपढ़ और गँवार हैं—समाज में ऐसा क्यों है? ज्योतिबा यही सोचते रहते थे। ज्योतिबा फुले विचार करते थे कि हजारों भूखे, नंगे, शोषित-पीड़ित, भिखमंगे क्यों घूम रहे हैं। ये ऐसे सवाल थे, जिन पर महात्मा फुले गहराई से सोच-विचार किया करते थे। पढ़ने के लिए मराठी पाठशाला गये

तो ऊँची जाति के लोगों ने विरोध किया। लड़कियाँ पढ़ नहीं सकतीं। औरतें अपने सम्मान की रक्षा नहीं कर सकतीं। इसलिए ज्योतिबा फुले ने सबसे पहले स्त्रियों की शिक्षा के लिए कन्या पाठशाला खुलवायी। महिला ही घर की सूत्रधार होती है, यदि वह नेक और समझदार हैं तो घर में सुख और शान्ति आएगी। बच्चों में अच्छे गुण पैदा होंगे। ज्योतिबा को समाज की जड़ में फैली इन्हीं कुरीतियों से लड़ना था। दलितों पर हो रहे अत्याचार और अनाचार रोकने थे।

समाज के उत्थान के लिए ज्योतिबा ने शिक्षा का सहारा लिया। उन्होंने अपना दायित्व पूरा करने के लिए शिक्षा के रंग-ढंग को ही बदल डाला, जिसमें न अन्धविश्वास को जगह थी और न कर्मकांड की। धर्म सबका एक—मनुष्य होने का धर्म। ईश्वर, भगवान, देवी-देवता, शास्त्र-पुराण सभी ज्योतिबा के लिए व्यर्थ। धर्म क्या है—ज्योतिबा ने खुद इसकी नयी परिभाषा गढ़ी।

ज्योतिबा फुले केवल शिक्षा-शास्त्री नहीं थे। वे कवि थे। नाटककार और शास्त्रकार भी थे। उन्होंने कविता को समाज में नयी चेतना जगाने का माध्यम बनाया। वे लोगों के बीच बैठकर कविता सुनाते थे और उसके भाव को दिल में उतारने का काम करते थे। वे मनुष्य के मनोविज्ञान को अच्छी तरह समझते थे। अपने भावों को गीत-संगीत में पिरोकर सुनाते थे। वे मनुष्य होने का अर्थ समझाते थे। व्याख्यान देने की उनकी शैली रोचक थी। मनुष्य के शोषण के इतिहास का बखान करते हुए ज्योतिबा मनुष्य-धर्म को सर्वोपरि बताते थे। वे अतीत और वर्तमान का अवलोकन करते हुए, भविष्य के नींव की रूपरेखा तैयार करते थे। उन्होंने दमित समाज के भीतर विचारों की क्रान्ति लाने की भरसक कोशिश की।

ज्योतिबा फुले संकल्प के धनी थे। आत्म विश्वास उनमें कूट-कूटकर भरा था। मेहनत करने की उनमें अद्‌भुत क्षमता थी। वे निर्भीक थे। उन्हें किसी के भी सामने जाते हुए भय नहीं लगा। इसलिए वे सबके सामने अपनी बात साहस के साथ रख सके। समाज के हित-साधन के लिए लड़े। न अपना स्वार्थ साधा, न अपने जीवन की कोई परवाह की। उनकी पत्नी सावित्री बाई भी उनके बताये मार्ग पर चलीं। दलित समाज उनका घर बना रहा और उनके परिवार का हर बच्चा उनका बच्चा बना रहा। हर स्त्री उनकी माँ के रूप में प्रतिष्ठित रही। इसलिए ज्योतिबा 'महात्मा' कहलाए। जन-मानस ने उन्हें अपना महापुरुष चुना। अपना मसीहा समझा।

ज्योतिबा फुले को 'महात्मा' कहते हुए भारतीय समाज को गर्व है। उन्होंने मनुष्य की पीड़ा, दुख, अज्ञान-अन्धकार से उत्पन्न कलुष, ईर्ष्या-द्वेष और समाज के सताये, पीड़ित और दलित मनुष्य की चेतना को झकझोरने का कार्य किया। मनुष्यता के धरातल को चूमती हुई विचारों की एक नयी गंगा प्रवाहित की।

ज्योतिबा फुले का जीवन युग के समान्तर कभी न खत्म होने वाली गाथा है।

ज्योतिबा ज्योति पुरुष हैं और सदैव बने रहेंगे।

ज्योतिबा का साहित्य

वर्तमान में ज्योतिबा की कुल 22 किताबें मिलती हैं। लगभग सभी मौलिक हैं और कुछ 'सत्य शोधक समाज' की रिपोर्ट के रूप में प्रस्तुत की गयी है। कुछ किताबें जो अत्यन्त लोकप्रिय हैं, यहाँ उनकी जानकारी दी जा रही है।

तृतीय रत्न : 1888 में लिखा गया ज्योतिबा का यह नाटक मूलतः दलितों के शोषण को लेकर है। नाटक में एक चालाक ब्राह्मण किस तरह एक स्त्री को बेवकूफ बनाता है, उसकी कथा- विभिन्न पात्रों के माध्यम से अभिव्यक्त की गयी है। इससे यह स्पष्ट हो जाता है कि ज्योतिष शास्त्र का सहारा लेकर एक ज्योतिषी किस तरह दलित परिवार का शोषण करता है।

सतसार-1 और सतसार-2 : यह पुस्तक विदुषी रमाबाई पर है। रमाबाई चित-पावन ब्राह्मण की पुत्री थीं। उन्होंने मनोयोग से वेद-पुराणों का अध्ययन किया, लेकिन अचानक पिता और बहन की मृत्यु से सांसारिक जीवन से मन उचट गया। वे देश भ्रमण के लिए निकल पड़ीं। घूम-घूमकर उन्होंने देखा कि किस तरह हिन्दू धर्म पाखंड और रूढ़ियों से ग्रस्त हो चुका है। वेद-पुराणों में भी

अन्तर्विरोध हैं। उन्होंने कलकत्ता में कुछ दिन बिताए। वहाँ दलित ब्रह्मसमाजी वकील विपिन बिहारीदास से मुलाकात हुई और उनसे शादी कर ली। ज्योतिबा इस किताब के माध्यम से दलित और ब्राह्मण समाज के दस छद्म अहंकारों का पर्दाफाश करते हैं।

गुलामगिरी : दलित वर्ग हमेशा ऊँची जातियों का गुलाम रहा है। बँधुआ मजदूरी वर्षों पुरानी प्रथा है। दास बनाकर अपने खेतों में काम लेना पश्चिम के मालिकों का काम था। ज्योतिबा इस पुस्तक में पुरुष की सत्ता के कारण समाज के जाति, वर्ण, लिंग के आधार पर किये जा रहे शोषण का मुद्दा उठाते हैं। ज्योतिबा मानते हैं कि ताकतवर लोगों ने हमेशा कमजोर वर्ग को अपना गुलाम बनाया है। दलित जातियाँ इनकी गुलाम रही हैं। शिक्षित समाज के लिए अनपढ़ समाज को भ्रम में डालना, उनको ठगना बड़ा आसान होता है। यह सभी ने माना है कि निजी हितों के लिए मनुष्य को दासता की बेड़ियों में जकड़ना अन्याय है।

ज्योतिबा का सम्पूर्ण साहित्य दलितों, अछूतों, कमजोरों वंचितों, शोषितों, पीड़ितों और गरीबों के पक्ष में खड़ा है। ज्योतिबा समाज में बराबरी लाने के उपायों पर जिन्दगी भर सोचते-समझते रहे। उनके लिए लड़ते रहे। उनके लिए लिखते रहे। उन्हीं के लिए जीये और उन्हीं के लिए मरे।

ऐसे महात्मन पुरुष का नाम इस धरती से कभी नहीं मिटेगा। ज्योतिबा हमारे बीच उसी तरह रहेंगे—जैसे हवा, पानी, अग्नि, मिट्टी और आकाश।

'गुलामगिरी' ज्योतिबा की महत्त्वपूर्ण और विचारोत्तेजक पुस्तक है। हजारों साल से चली आ रही अन्धविश्वास पूर्ण मान्यताओं को

उजागर कर ज्योतिबा ने नया रास्ता दिखाया है। इस किताब में ज्योतिबा ने यह सिद्ध किया है कि परम्परावादी ब्राह्मणों ने निष्पक्ष इतिहास नहीं लिखा। अविश्वसनीय कहानियाँ गढ़ी गयीं और अपने स्वार्थ के अनुसार उनकी स्थापना कर दी।

अछूतों की कैफियत : ज्योतिबा ने यह पुस्तक 1885 के आसपास लिखी थी। मगर इसका प्रकाशन बाद में हुआ। इसमें दलितों तथा अछूतों की सामाजिक दुर्दशा का चित्रण है। मराठा पेशवाओं के शासनकाल में अछूतों की बहुत दुर्गति थी। जब अँग्रेज यहाँ आये और उन्होंने शासन सँभाला तब इन पर होनेवाले दमन, शोषण और अत्याचार की कहानियाँ सामने आयीं। ज्योतिबा ने यह सिद्ध करने की कोशिश की है कि कमजोरों को और कमजोर, पतितों को और पतित बनाने का षड्यन्त्र हजारों वर्षों से चला आ रहा है कि जो जहाँ है, वह वहीं बने रहें। ऊपर उठने की कोशिश न करे। परम्परा और धर्म तभी स्वीकार करने योग्य होता है, जब वह सबके बारे में सोचे। समाज को जीवन की मूलभूत जरूरत को मुहैया कराए। इनसान को इनसान समझे और उसको सामाजिक सुरक्षा प्रदान करे। किताब में महार जाति के युवकों और ब्रिटेन की महारानी के बीच संवाद की ऐसी स्थिति पैदा की जाती है कि धूर्त, चालाक और बदफरोश लोगों की काली करतूतों का भंडाफोड़ किया जाता है। दलित युवक महारानी से बताते हैं कि सवर्णों ने किस तरह उन्हें जमीनों से बेदखल किया और महिलाओं, शूद्रों तथा अछूतों को शिक्षा के अधिकार से वंचित रखा। गौरवर्णी आर्य यहाँ आए और धर्म का पाखंड फैलाकर श्याम वर्ण के मूल निवासियों को गुलाम बना लिया। अन्त में दलित समाज के उत्थान के लिए महारानी

युवकों को आश्वासन देती हैं और फिर वहाँ से विदा लेती हैं।

शिवाजी का पोवाडा : यह किताब 1869 में प्रकाशित हुई थी। इसमें शिवाजी के चरित्र का बखान है। ज्योतिबा ने इसे ओजस्वी भाषा में लिखा है और गेय शैली के कारण इसे मंच पर गाया जा सकता है। ज्योतिबा का कहना है कि कुछ जातियाँ जैसे कि कुनबी, माली, महार और मातंग आदि, ये पहले क्षत्रिय कुल की जातियाँ भीं, लेकिन ब्राह्मणों ने षड्यत्र करके इन्हें शूद्र बना दिया। समाज में उन्हें जो सम्मान और अधिकार हासिल था, उसे खत्म कर दिया। शिवाजी का गौरव-गान करते हुए कवि ने इन जातियों के गौरवशाली अतीत को अपनी भावपूर्ण भाषा में अभिव्यक्त किया है।

महार जाति को एक समय महाराष्ट्र में बड़ा रुतबा हासिल था। 'महा-अरि' नाम की यह जाति भूमि स्वामी थी। खेती करती थी, लेकिन षड्यन्त्रों का शिकार होकर वह सबसे नीची पायदान पर आ गयी। इसी तरह ज्योतिबा अन्य दलित जातियों के साहस और पराक्रम का गुणगान करते हुए शिवाजी को अपना प्रेरणा-पुरुष सिद्ध करते हैं।

इस पोवाडा में ज्योतिबा अपनी तर्कपूर्ण शैली के जरिए ब्रह्मा से चार वर्णों की उत्पत्ति की कठोर निन्दा करते हैं। जीवशास्त्र सिद्धान्त के अनुसार वे देवी-देवताओं के पैदा होने वाली स्थितियों को नकारते हैं। वे वेद-पुराणों के चालू मिथ को नहीं मानते। सृष्टि के नियम के अनुसार जो चीज सम्भव नहीं, उसे ज्योतिबा स्वीकार नहीं करते।

किसान का कोड़ा : ज्योतिबा के लेखन का उद्देश्य कमजोर और शोषित समाज को 'बराबरी' पर लाने की कोशिश है। किसान,

जो खेती करता है। अन्न उगाता है, लेकिन जब उसकी फसल घर आती है, तो उसके पास कुछ नहीं रहता। उसकी फसल सेठ-साहूकार और दलाल उठा ले जाते हैं। इस किताब की प्रस्तुति में ज्योतिबा अपने विचार का प्रतिपादन ठोस नजरिए से करते हैं। किसान यदि शूद्र हैं तो वह कभी नहीं पनप सकता। सरकारी विभागों में ब्राह्मण कर्मचारियों का बोलबाला है। वे किसानों को सताते हैं। उनका शोषण करते हैं। इनसे मुकाबला करने के लिए किसान अपनी क्षमता किस तरह अर्जित करें, यही उसका कोड़ा है। जाहिर है कि किसान अपने खेत, खलिहान और फसल का बचाव तभी कर सकता है, जब वह शिक्षा-दीक्षा अर्जित करें। ज्ञान हासिल करें।

कार्य के आधार पर जातियाँ बनाई गयीं और उपजातियों के निर्माण में भी काम-धन्धे का सहारा लिया गया। ज्योतिबा अपने अध्ययन के बल पर यह सिद्ध करते हैं कि दूसरे देशों के किसानों की बनिस्बत भारत का किसान ज्यादा पीड़ित और शोषित है। वे कहते है—"दुनिया के तमाम देशों का इतिहास एक-दूसरे से तुलना करके देखने पर, यह निश्चित रूप से कहा जा सकता है कि हिन्दुस्तान के अज्ञानी, अपढ़, सीधे-साधे किसानों की स्थिति दूसरे देशों के किसानों से बदतर है। पशु से भी बुरी स्थिति। ज्योतिबा सवर्णों द्वारा रचित पूरे सामाजिक मकड़जाल की ओर सबका ध्यान आकर्षित करते हैं और उसमें फँसे दरिद्र समाज को इस संजाल से निकलने का रास्ता सुझाते हैं। वे कहते हैं कि गरीब किसान जन्म से मृत्यु तक ब्राह्मणों के व्यर्थ के कर्मकांडों में फँसा रहता है और खून-पसीने की कमाई बर्बाद करता है। दुष्ट और लोभी ब्राह्मण, किसान को जीवन भर मूर्ख बनाते हैं।"

सदियों से किसानों के साथ क्या-क्या जुल्म किए जाते रहे—ज्योतिबा उसकी एक-एक पर्त खोलते हैं और धूर्त ब्राह्मणों से सावधान रहने की सलाह देते हैं।

ब्राह्मणों की चतुराई : ज्योतिबा अपने गहन अध्ययन के बाद ही किताब लिखने बैठते थे। उनके पास सामाजिक तथा राजनीतिक अनुभव विशद था। वे अतीत और वर्तमान को साथ लेकर चलते थे। ब्राह्मणों की चतुराइयों से अतीत और वर्तमान के पन्ने भरे पड़े हैं। धर्म ग्रन्थों में, लोक जीवन की कथा-कहानियों में, वर्तमान की सामाजिक व्यवस्था में-सभी जगह ऊँची जातियों के कारनामों का उल्लेख किया जाता है।

शिक्षा सबसे मूल्यवान चीज है। जिसने पढ़-लिख लिया, वह रूढ़ियों और परम्पराओं से मुक्त हो गया समझो। अशिक्षित परिवार अन्धविश्वास में जीवन भर जकड़ा रहता है। ज्योतिबा मानते हैं कि गाँवों में बसने वाली शूद्र जातियाँ अज्ञान की मारी पुरोहितवाद का सहारा लेती हैं। मृत्यु के बाद उन्हें नर्क और स्वर्ग के दरवाजे पर पहुँचाने की चिन्ता रहती है। मनुष्य यदि मरने के बाद स्वर्ग पहुँच जाए, तो समझो जीवन सार्थक है। ज्योतिषी ग्रह-नक्षत्र की बात करके लोगों का भाग्यफल बाँचते हैं, फिर उनसे धन ठगते हैं। पुरोहित, पंडित, ज्योतिषी इतने चतुर कि भोला-भाला व्यक्ति समझ नहीं पाता है—उनकी चालाकी। ज्योतिबा किताब में उस तथ्य को बार-बार उजागर करते हैं कि सवर्णों के जाल से बचो और इनकी चतुराई को समझो।

सार्वजनिक सत्य धर्म पुस्तक : हिन्दू समाज के जितने भी पाखंड हैं, ज्योतिबा ने इस पुस्तक में दर्ज अपनी मान्यताओं और

अध्ययनों के बल पर खारिज किया है। इस प्रकार से यह पुस्तक जीवन के सत्य को सबके सामने रखती है।

समतामूलक समाज की स्थापना के लिए ही ज्योतिबा आजीवन संघर्ष करते रहे। उन्होंने अपने बनाए कुछ सिद्धान्तों का, नियमों का निरूपण किया और उसे समाज में लागू करने का निश्चय किया। उनके द्वारा रचित नियम ही इस पुस्तक के बीज-मन्त्र हैं। इनकी संख्या 20 है, जिसे सरल भाषा में लिखा गया है।

ज्योतिबा जो भी कदम उठाते हैं, वह समाज हित के लिए क्रान्तिकारी कदम ही होता है। हालाँकि पुस्तक में लिखे नियमों का पालन करना और समझना आसान नहीं, लेकिन इसके पीछे ज्योतिबा के महान कार्य सम्पन्न करने का जो भाव दिखाई देता है, वह मनुष्य-जीवन के लिए अत्यन्त कल्याणकारी हैं।

ज्योतिबा फुले के जीवन से सीखें

महापुरुषों के जीवन से हम बहुत कुछ सीख सकते हैं। ज्योतिबा फुले भी महापुरुष थे। उनके बताए हुए मार्ग पर यदि हम चलना सीखें तो उनके कार्यों को आगे बढ़ाने में हम उनकी मदद कर सकते हैं। ज्योतिबा में बहुमुखी प्रतिभा थी इस बात से कोई इनकार नहीं कर सकता। यदि ऐसा न होता तो शायद वे दलित और पीड़ित समाज के उत्थान के लिए नये व मौलिक कानून और नियम बनवाने में कामयाब न हो पाते। पहले यह समझ लेना जरूरी है कि उन्होंने इसकी जरूरत क्यों समझी। ऐसा उन्होंने क्यों किया। यदि वे ऐसा न करते तो आज जो समाज सर उठाकर चल रहा है, चल पाता। भेदभाव और छुआछूत की भावना लोगों के दिलों से कम हुई तो क्या वह हो पाती? इसके लिए उन्होंने अपना सारा जीवन लगा दिया तब कहीं उन्हें थोड़ी सफलता मिली। हम उनके इस महान कार्य को आगे बढ़ा सकते हैं और लोगों में उस चेतना का प्रचार-प्रसार कर सकते हैं, जिससे उनका छूटा हुआ मानवता के लिए किया, कार्य पूरा हो सके। जिस तरह भारत का संविधान धर्मनिरपेक्षता की वकालत करता है और इस देश के हर नागरिक को जीने का हक देता है, उसी तरह महात्मा फुले ने कुछ ऐसी महत्त्वपूर्ण जानकारियाँ दी हैं, जिनको

यदि ठीक से समझा जाए तो सम्भवतः समाज में जो ऊँच-नीच की भावना है और धर्म का पाखंड लोगों में समाया हुआ है, उससे छुटकारा मिल सकता है। उनके कुछ विचारों को हम इस प्रकार पढ़ सकते हैं—

— हिन्दू धर्मावलम्बियों का कहना है कि वर्ण ब्रह्मा ने पैदा किये हैं। महात्मा फुले इस सिद्धान्त गलत ठहराते हैं। इस सिद्धान्त ने समाज में भेदभाव की भावना को प्रबल किया है।

— किसी के लिए शिक्षा और किसी के लिए नहीं। उच्चवर्ण के लोगों के लिए ही शिक्षा का अधिकार देना गलत है। शिक्षा सभी वर्णों के लिए जरूरी और अनिवार्य हो।

— परम्परागत व्यवसाय की जो दिशा निर्धारित की है। वह भी काम के हिसाब से जाति और वर्ण का निर्धारण भेदभाव पैदा करता है।

— व्यवसाय की पवित्रता और अपवित्रता के आधार पर एक ही वर्ण की विभिन्न जातियों के बीच भेदभाव पैदा किया गया है, जो गलत है।

— परिवार में स्त्री-पुरुष को समान अधिकार प्राप्त होने चाहिए, लेकिन यहाँ भी भेदभाव किया जाता है, जो गलत है।

— सभी धर्म एक समान हैं, लेकिन इनके बीच भेदभाव की खाई को बहुत गहरा बना दिया गया है। यह भी गलत है।

— इनसान सब बराबर हैं। शिक्षा प्राप्त मनुष्य हो अनपढ़ और गँवार या कहिये अशिक्षित को ऊँचा उठने की प्रेरणा

देना चाहिए, लेकिन यहाँ तो शिक्षित और अशिक्षित मनुष्य के बीच भेदभाव किया जाता है। जो गलत है।

समाज में फैली ऊँच-नीच की भावना की जड़ जाति प्रथा है और वर्णों में विभाजित समाज। ताकतवर लोगों ने शूद्रों को क्यों बनाया अपना गुलाम और अपना सेवक, अपना दास। उसे कैसे खत्म किया जाए, यह महात्मा ज्योतिबा फुले का चेतना-बिन्दु है। वे केवल दलित उद्धार की ही नहीं, स्त्रियों के उद्धार की बात करते हैं। इसके लिए उन्होंने समाज के ठेकेदारों से लड़ाइयाँ लड़ीं। भूस्वामियों को लताड़ा। यहाँ तक कि अँग्रेजी सरकार से सीधा लोहा लिया। उनकी सोच में सभी मनुष्य बराबर हैं और महात्मा फुले की शिक्षा ही समाज में समानता ला सकती है, इस काम को सभी को मिलकर करना है।

□□□